RICHARD ROTHER
und sein Werk

VERLOBUNGS- UND VERMÄHLUNGSANZEIGEN

Herausgegeben von

HEINZ OTREMBA

echter

CIP-Kurztitelaufnahme der Deutschen Bibliothek

Rother, Richard
Richard Rother und sein Werk   [Richard Rother].
Hrsg. von Heinz Otremba. – Würzburg : Echter
NE : HST
Verlobungs- und Vermählungsanzeigen. – 1989
ISBN 3-429-01220-1

© 1989 Echter Verlag Würzburg
Gesamtherstellung Echter Würzburg
Fränkische Gesellschaftsdruckerei und Verlag GmbH Würzburg
Der Druck der beiden eingeklebten Originalholzschnitte
erfolgte direkt vom Stock
Foto: Heinz Otremba
Printed in Germany
ISBN 3-429-01220-1

RICHARD ROTHER

Richard Rother wurde am 8. Mai 1890 in Bieber im Spessart als Sohn eines Amtsgerichtsrates geboren. Nach der Volksschule besuchte er das Humanistische Gymnasium in Hadamar. Seine Absicht, einmal Künstler zu werden, machte ihm ein autoritäres Lehrerkollegium leicht. Rother hatte einen unsympathischen Lehrer auf einem Drachen abkonterfeit, den er in die Luft steigen ließ. Das brachte ihm einen Verweis von der Schule ein, und damit wurde der Weg für eine künstlerische Ausbildung für ihn frei.
In der Kunstgewerbeschule zu Nürnberg lehrten ihn Professor Max Heilmeyer und Rudolf Schiestl, der damals die dortige Grafikerklasse leitete. 1910 zog es Richard Rother an die Akademie nach München zu Professor Hermann Hahn. Er konnte aber die Bildhauerklasse nicht nutzen, weil sein Vater gestorben war und die Witwenrente seiner Mutter dafür nicht ausreichte. So erwarb er sich ein vielfältiges Können in Ateliers namhafter Bildhauer in München, Offenbach und Frankfurt. Auch bei Professor Widmer in Nürnberg war er tätig, wo er in Holz, Stein und Stuck arbeiten konnte.
Der Erste Weltkrieg unterbrach die künstlerische Tätigkeit. Richard Rother wurde 1917 in der Champagne verwundet, kam in Alexandersbad im Fichtelgebirge ins Lazarett, dann zu einem Ersatzbataillon nach Regensburg und schließlich wieder heim zur Mutter in Limburg. Eine zufällige Begegnung mit dem damaligen Kitzinger Bürgermeister Graff führte ihn nach dem Kriege nach Kitzingen. Zusammen mit seiner Mutter wohnte er dann in Fröhstockheim, heiratete 1920 seine Frau Linde, geborene Mauer. Aus der Ehe gingen die Tochter Gertraud und die Söhne Klaus und Jörg hervor.
1922 schuf er seinen ersten Holzschnitt. Seit 1931 wirkte Richard Rother als Lehrer an der Kunst- und Handwerkerschule in Würzburg. Als er mit 75 Jahren in den Ruhestand trat, war für ihn das künstlerische Schaffen keineswegs beendet. Er wohnte zunächst in Würzburg und zog dann wieder in sein vertrautes Kitzingen.
Richard Rother war Mitglied der Hätzfelder Flößerzunft, einer Vereinigung von Künstlern und Freunden der Kunst. 1957 erhielt er den Deutschen Weinkulturpreis, 1975 ehrte ihn die Stadt Würzburg durch die Verleihung des Würzburger Kulturpreises. Kurze Zeit später verlieh ihm die Stadt Kitzingen ihren Kulturpreis.
Der Holzschneider und Bildhauer Richard Rother war nicht nur ein Künstler, sondern auch ein Lebenskünstler. Bis kurz vor seinem Tod im Jahre 1980 war er künstlerisch tätig, in den letzten Jahren besonders auf dem Gebiet der Plastik.
Richard Rother ruht auf dem Friedhof von Kitzingen-Hohenfeld.

*Originalholzschnitt,
vom Stock gedruckt*

VERLOBUNGS- UND VERMÄHLUNGSANZEIGEN

Die Sitte, Familienereignisse anderen Menschen durch Anzeigekarten kundzutun, läßt sich bis ins 18. Jahrhundert zurückverfolgen. Gerade aber auch in unserer Zeit hat sich diese Tradition wieder neu belebt. Familiengrafik ist in der Regel sehr individuell und oft für das betreffende Ereignis und die beteiligten Personen direkt »maßgeschneidert«. Zahlreiche Künstler hatten und haben sich in ihrer Arbeit auch der Familiengrafik verschrieben. Richard Rother gehörte dazu. Er war geradezu ein Klassiker der deutschen Gelegenheitsgrafik.

Richard Rother verwendete für seine Verlobungs- und Vermählungsanzeigen in der Regel den Holzschnitt. Mit überdurchschnittlichem Können und der Fähigkeit, in knapper, einprägsamer und künstlerisch wirksamer Form das Wesentliche auszusagen, unterschied er sich von Künstlern wie Welti, Schiestl oder anderen Radierern. Sein Ausdrucksmittel war das Schneidemesser. Hier war er auch technisch ein Meister.

Der erste Holzschnitt Richard Rothers entstand, als seine Tochter Gertraud geboren wurde und er dieses Ereignis seinen Freunden und Bekannten auf eine möglichst preiswerte Art mitteilen wollte. Damals schnitt er die Anzeige in Holz und druckte sie selbst. Diesem ersten Holzschnitt sollten dann viele Hunderte folgen.

Richard Rother hatte zwar die Bildhauerei und ein wenig Zeichnen gelernt, im Holzschnitt aber war er eigentlich Autodidakt. Mit einfachstem Werkzeug ging er an die Arbeit, denn niemand hatte ihm gezeigt, wie Holzschnitte herzustellen sind. Er soll einmal gesagt haben, er wisse immer noch nicht, »wie es die anderen machen«. Mit viel Talent und unwahrscheinlichem Ideenreichtum war er bis ins hohe Alter von 90 Jahren tätig. Seine Holzschnitte waren reine Schwarzweißbilder, ohne jede Kolorierung.

Bei seinen Verlobungs- und Vermählungsanzeigen gelang es dem Künstler immer wieder, eine direkte Beziehung zu den betroffenen Personen bildlich umzusetzen. Die Texte waren größtenteils von seiner Frau formuliert worden, aber auch von ihm selbst, und viele reimten sich zu volkstümlichen Versen. Der Humor, der ihn trotz manchen Schicksalsschlages bis an sein Lebensende begleitete, fand sich auch in solchen Anzeigen: »Ein Deckel ohne Häferl, ein Adam ohne Everl, die haben nicht viel Zweck... Der Mangel ward behoben, sie taten sich verloben.« Oder ein anderes Beispiel: »Das Leben ist in vielen Fällen für Jungfern wie für Junggesellen (wenn sie mal älter, jedenfalls) wie kalte Suppe ohne Salz. Wir schwärmen nicht für solche Sachen und wollen lieber Hochzeit machen.«

Die Figur des Amors oder diverser Putten war bei solchen Verlobungs- und Vermählungsanzeigen natürlich eines der am häufigsten verwendeten Motive. In den Kriegs- und Nachkriegsjahren konnte man auch in Rothers Holzschnitten Andeutungen dieser Zeit finden: Da schossen Engel mit Kanonen, saßen in Panzern oder zeigten sich im Flugzeug. Putten trugen Stahlhelme, und unter solchen kriegerischen Kopfbedeckungen kamen auch einmal zwei Herzen zum Vorschein.

Seine eigene Vermählungsanzeige vom 10. August 1921 aus Fröhstockheim war noch ein Scherenschnitt. Aus einem herzförmigen Boden wuchs an einer einen Nistkasten tragenden Stange ein Bäumchen empor, und zwei Vögel waren dabei, sich ein Nest zu bauen. Auch dieser Scherenschnitt ist in dem Band zu finden.

In dieser Zusammenstellung von Verlobungs- und Vermählungsanzeigen finden sich künstlerische Zeugnisse eines Mannes, dem Franken ans Herz gewachsen war und der imstande war, Menschen und Ereignisse in volkstümlicher Weise darzustellen. Wenn der Meister wüßte, daß sein Werk den Menschen auch noch viele Jahre nach seinem Tod Freude bereitet, wäre er sicher zufrieden. Seine Absicht ist in Erfüllung gegangen.

H. O.

Originalholzschnitt, vom Stock gedruckt

Freudig geben wir
unsere Verlobung bekannt.
Kitzingen, 22. Okt. 1939. Dresden.
Edith Glüber,
Hannes Wilhelm.

Ihrer Tochter Glück
teilt mit
Olga Ebner v. Eschenbach.

Hilde Hartmann
und
Heinrich Erhard,
Landwirtsch.-Assessor,
haben sich verlobt.
Buchbrunn -
Neustadt a.d. - Kitzingen.
22. März 1933.

Änny Schneider und
Josef Sellmaier haben
sich verlobt.

Hammelburg,
- Uffenheim,

Weihnachten
1934.

Für
meinen
Schwesterchen
anläßlich ihrer
Verlobung danken
herzlich

**Irene Lauber,
Eugen Marx.**

Kitzingen,
Mainz,
Januar 1928.

Charlotte Sehuert
und
Wilhelm Fehmel
haben sich treue Liebe
gelobt.
Weihnacht 1926.
Villa Matzenetz,
Stainach-Steiermark.

Wir haben uns verlobt.

**Christl Schardt
Otto Eppinger**
Oberleutnant
und Adjutant
in einer Flak Abt.

Kitzingen am Main,
Kanzler Stürzelstr. 12,

Stuttgart-Feuerbach,
zur Zeit im Felde.

Februar 1940.

Ein Deckel ohne Häferl,
Ein Adam ohne Everl,
Die haben nicht viel Zweck.
So war's mit
Hermann Lockum
und
Hildegard Brunnsluck.
Der Mangel ward behoben:
Sie taten sich verloben.

Dezember 1932.

Liselotte Krauner und Theo Dörich,
Oberregisseur der Oper in Erfurt
haben sich verlobt.
Kitzingen.   Erfurt,
Sylvester 1931.

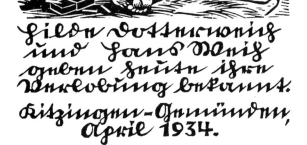

Hilde Dostmonnig
und Hans Weiß
geben heute ihre
Verlobung bekannt.
Kitzingen-Gmünden,
April 1934.

Wir haben uns verlobt.

Gablenz b. Stollberg i. Sa.
Würzburg, Mfr.
Ostern 1943.

Ursula Ebert,
Heinz A. Faller.

Herbert Potschka,
Pfarrer in Kautehmen, und
Marianne
geb. Döppert,

haben am Pfingstsamstag den
30. Mai 1936 in Kitzingen geheiratet.

Wir haben uns verlobt.

Christl Schardt,
Otto Eppinger
Oberleutn. und Adjut.
in einer Flak Abt.

Kitzingen am Main,
Kanzler Stürzelstr. 12.

Februar 1940.

Stuttgart-Feuerbach,
zur Zeit im Felde.

Ulla Pantle und **Dieter Fasig,**
Stud. ing.
haben sich am 30. März 1952 verlobt.
Ludwigsburg,   Stuttgart-Zuffenhsn.,
Obere Reithausstr. 22   Bönigheimerstraße 13

INGEBORG FREITAG
UND
EHRHARD FUNK
HABEN SICH VERLOBT.
NEUSTADT/A. JUNI 1949

Ins Herze traf der Meisterschuß
bei
Gerda Bartels und Ferdl Dick.
Er traf so gut, daß man das Glück
Mit der Verlobung feiern muß.
Nürnberg - München,
5. Februar 1950

Dietgart Adelmann, Bauzeichnerin und
Theo Abb, Architekt,
haben sich am 21. März 1954 verlobt.
Würzburg, Huttenstraße 13.

Käthe Stamm
und
Hans B. Dausend
haben sich verlobt.

Wir haben uns verlobt.

Doris Herter
Leutn. Kurt Salzmann, Dipl.-Arch.
Bingerbrück-Berlin-Würzburg,
August 1942.

Wir haben uns verlobt.

Hella Walter, stud. phil.
Wilhelm Rübel, cand. med.

Kaiserslautern   Fürth i. Bayern
Kaiserslautern, Altenwoogstr. 59, März 1941.

KURT BERGER
UND ILSE
GEB. MARKERT

Ella Döppert u. Herm. Entorf
geben ihre Verlobung bekannt.

Kitzingen a. M.   Nürnberg,
Bismarckstr. 19,   z.Z. Wehrmacht,
Weihnachten 1942.

GERTRAUD ROTHER
UND
HELMUT MÜNCH

haben sich unterm
Weihnachtsbaum
verlobt.

KITZINGEN-WÜRZBURG
1948

Ihre Verlobung
geben bekannt
Elfriede Gräfe,
Richard Hausen.
Weißenburg i. Bay. – z. Z. im Felde,
Mai 1942.

SENTA
MARIA
MERTENS,
CAND. PHIL.

UND
HEINZ KRUG
REFERENDAR

HABEN SICH VERLOBT.
WÜRZBURG
LERCHENHAIN 8, WÖRTHSTR. 9a
17. JULI 1953.

Marianne Faßner u. Fritz Klein
haben sich verlobt.
Kitzingen.
6. Januar
1934.

Flugkapitän Harry Rother und Thilo, geb. Schmidt sind in Nürnberg am 8. Dezember 1928 im Hafen der Ehe glatt gelandet.

Ein Schütze zielt' aufs Spieglein
— Natürlich bloß im Scherz, —
Und traf es und sich selber
Grad mitten in das Herz.

Doch gab es keine Scherben,
Und keines brauchte sterben,
Sie haben keine Wunden
Und sich trotzdem verbunden.

Habt Ihr nicht Lust
am elften August
In Freiburg i. B.
In den Hafen der Eh'
Uns einzufahren sehn?
Schreibt bitte bei Zeiten
Ihr kömmt mit Vergnügen,
Wenn wir beide uns „kriegen"!
  Hilde und Igno.

HERMANN ROOS
UND
HEDWIG,
GEB. MEURER,

HABEN
AM 16. JUNI 1923 GEHEIRATET.

Fritz Klein und Marianne,
geb. Gaßner
landeten im Hafen der Ehe.

Kitzingen, 15. Sept. 1934.

Toni Höchstetter, Architekt,
und Maria Margarete
geb. Ostar, haben im April 1925
Hochzeit gemacht.

Pasing, Wilramstr. 3".

Ihre Vermählung zeigen an

Hasso Wildhagen,
Leutnant in einem Flakregiment,
und
Irmgard, geb. Meuschel.

Kitzingen a. Main,
Mainbernheim,
23. Dezember 1941.

Du staunst?! — Doch doch!
'S ist wirklich wahr,
Daß wir am 5. Februar
In den so süßen Apfel beißen
Und eh'lich uns zusammenschweißen.
Das muß gefeiert werden. Drum
Besinn' Dich nicht so lang und kumm'!
Wir wollen in Veitshöchheim draußen
Hint' in der „Blauen Traube" schmausen
Und auch, wenn sie uns einen geben,
Ein'n oder zwei mit'nander „heben."
Josef Kern u. Anneliese Mühlhofer.

Gilmar Brändlein und Else, geb. Haas
haben Hochzeit gemacht.
Schweinfurt, 12. Juni 1948

DAS ALLERBEST ISTS EIGENE NEST.

Ihro Heinrich, Obst. u Adj. I/20. Inf. Rgt. u.
Hildegard, geb. Falck, haben sich vermählt.

Regensburg, 11. August 1932.

Wir teilen mit, daß wir uns vermählt haben.

Kitzingen a. Main, Kanzler
Stückelstraße 12 – Berlin,
17. Februar 1941

Georg Schardt, Baumstr, z.Z. Wehrm. und Hanni, geb. Wilferth.

Fritz Bitterlin
und
Margarete, geb. de Fay
haben sich vermählt.

Stuttgart – Frauenkopf,
7. September 1935.

Rudolf Hochmuth
und Wiltrud, geb. Roth
haben geheiratet.

Michelau i. St.   Fürth i. B.
14. April 1936.

Karl Kuhn, Dipl.-Ing. und
Ella geb. Busch
haben sich vermählt.
Essen, Robert Kochstr. 5.
21. März 1936.

Ihr wünschtet uns Glück. —
Wir haben's in Händen,
Und danken und wünschen,
Daß alle es fänden.

Würzburg, Juni 1936.
Dr. Otto Hellmuth
und Frau Erna Maria,
geb. Stamm.

Wir haben Hochzeit gemacht.

Dipl.-Kaufmann Albert Schäfer
und Irmgard, geb. Fischer.

Offenbach a. M.   Gera, Sorge 31.

Die Irmgard, die schon ohnedies
Mit Mädchennamen Schneider hieß,
Hat mit dem Hans sich kopuliert,
Der auch den Namen Schneider führt.
Nun rücke sie von Würzburg aus
Und hält mit Hans in München haus.

Gimmernstraße 1, 15. Oktober 1938.

Das Leben ist in vielen Fällen
Für Jungfern wie für Junggesellen
(Wenn sie mal älter, jedenfalls)
Wie kalte Suppe ohne Salz.
Wir schwärmen nicht für solche Sachen
Und wollen lieber Hochzeit machen.

Ernst Hanß u. Jula, geb. Rotz.
Würzburg, Kapuzinerstr. 3.
Trauung: 26. Juli 1936, 10¹⁵ Uhr in d.
Ursulinenkirche.

August Marquart u. Gertrud, geb. Jahn, haben am 13. Mai 1939 in Berlin-Pankow Hochzeit gemacht.

Würzburg, Heinestr. 3.

Berlin-Pankow, Schloßstr. 4.

Willy Riefel und Hedi, geb. Fischer haben Hochzeit gemacht.

Schweinfurt Körnerstr. 2 - Karlstadt, 19. Juni 1939.

Facharzt Dr. Franz Lausch und
Irmtraut, geb. Schwanhäuser
haben Hochzeit gemacht.

JJ. Bamberg   Kitzingen,
Würzburg,   Moltkestraße
        Dezemb. 1939.

Oblt. Kurt Moll und
Elisabeth, geb. Schäfer
geben ihre Vermählung bekannt.

Fürth i. B., 5. September 1942.
Kirchl. Trauung: St. Paulskirche, 13,30 Uhr.

Fritz Völter und Anne, geb. Ziel,
Kitzingen — Nürnberg
machen heute Hochzeit.

Nürnberg, Gesellsch. Museum,
22. April 1939.

Seit heut' sind wir ein Ehepaar.

**Rudolf Kissiger
und Sofie, geb. Dürbert.**

Nitzingen, 28. Juni 1941.

Wir haben am 19. November 1940
in Innsbruck geheiratet.

**Dr. Herbert Kuntscher
und Edith, geb. Valentin.**

Innsbruck - Krefeld.

Dr. med. dent. Josef Vöcklinghaus,
Assistent d. Univ.-Zahnklinik Würzburg,
und
Elisabeth Vöcklinghaus, geb. Schmittlutz.

Essen-Steele, Brinkerpl. 3, Lichtenfels am Main,
z. Z. im Felde   Zweigstr. 3.

Die Trauung findet am 24. Novemb. 1942 in Steele statt.

Kurt Mein und Martha, geb. Nayser, geben ihre Vermählung bekannt.
Düsseldorf,
z.Z. Kitzingen a. M.,
Paul Eberstr. 11.
10. Oktober 1942.

Wir sind im
Horst der Ehe glatt gelandet.
München 1943
Hans Meichinger,
z.Z. Feldwebel d. Luftw.,
Tini Meichinger,
geb. Schäffler.

Wir haben heute geheiratet.

Otto Scheid
und
Johanna Scheid geb Demmert.

**Limburg a. L. Wiesbadenerstr. 3,
20. Juni 1942.**

Wir geben unsere Vermählung bekannt.

Dr. jur. utr. Ignaz Wohlfahrt,
Schriftsteller u. Verlagsredakteur
und **Hildegard, geb. Gehring.**

Darmstadt–Würzburg, Heimgartenweg 7, 3. Juli 1943.

Ihre Vermählung
zeigen an:

Dr. med. Rudolf Doerr, pr. Arzt
und
Ilse, geb. Zimmermann.

Schonungen a. Main,
Heusweiler/Saar,
Weilerbach, Pfalz,
im Oktober 1942.

Wir haben geheiratet.

Richard Hausen und Elfriede, geb. Gräfe.

Tirol, im August 1942.

Julius Neeser und Rosl, geb. Eberhardt,
Vermählte.
Kitzingen, Weihnachten 1941.

Wir geben unsere Vermählung bekannt.

Ernst Philipp Freiherr v. Saint André
auf Königsbach,
Oblt. u. Komp.-Führ. i. e. Grenad.-Rgt.,
Sibylle, Freifrau v. Saint André
auf Königsbach, geb. Freiin v. Roman.
Königsbach, Baden / Schernau, Mainfr.
20. Juli 1943.

Dr. Rudolf Schwartz, z.Z. i. Felde
und Mariechen, geb. Friedel
haben Hochzeit gemacht.
Kitzingen, im August 1944.

Oberstabsarzt Fritz Schreiber,
Dr. Anni Schreiber, geb. Eitel
haben geheiratet.

Grainau bei Garmisch, 16. Jan. 1944.

Wir geben unsere Vermählung
bekannt.

Dr. med. Franz Seidenspinner,
Assistenzarzt, z. Z. im Felde
und Frau Gertraud, geb. Endres.

Bad Mergentheim
Kitzingen a. M.

19. Juli 1943.

Josef Kern und Anneliese,
geb. Mühlhofer,
heiraten am 5. Februar 1946. Die kirchl.
Trauung findet um 11 Uhr im Elisabethen=
heim statt.
Würzburg, Winterleitenweg 33.

Stimmt das? – Ir Wochen wär's
schon her,
Daß uns're Hochzeit g'wesen wär?!
Ach Gott, wie schnell vergeht die Zeit!
Und wir bedanken uns erst heut' —
Als fast schon alte Eheleut' —
Für freundliche Aufmerksamkeit!
Ein Sprichwort sagt nicht ohne
Grund:
„Dem Glücklichen schlägt keine
Stund'!"

Würzburg, im März 1946

Josef Kern und Frau Anneliese,
geb. Mühlhofer.

Karl Dörfler,
J.J. Wehrmacht,
und
Frau Maria, geb. Riegel
geben ihre Vermählung bekannt.

Fladh i. B. — Kitzingen a. M.
Zuckmann, Walstr.
21. September 1942.

Schriftleiter Hans W. Kröning und
Christa, geb. Kucharzik
geben ihre Vermählung bekannt.

Berlin-Friedenau, Südwestkorso 1,
im September 1943.

AM 14. JUNI 1954 UM 15 UHR FINDET IN DER MARIENKIRCHE IN REUTLINGEN UNSERE KIRCHLICHE TRAUUNG STATT.

EBERHARD BOLSINGER UND INGEBORG GEB. GEISEL

DER „WILDE MANN" IST HEUTE ZAHM, WEIL FRITZ GEMEINHARDT KLÄRCHEN NAHM. MIT DER GEBOR'NEN ZIMMERMANN FÄHRT ER AB HEUT' IM ZWEIGESPANN. ASCHAFFENBURG, HOTEL „WILDER MANN" 15. AUGUST 1955.

TRAUUNG 12:10 UHR IN DER MUTTERGOTTES-PFARRKIRCHE

DIPL.ING. DIETHELM FUNK UND
CAND. PHIL. ANNEMARIE,
GEB. SCHLAMP,
HEIRATEN AM
8. MÄRZ 1958

MÜNCHEN-
HARLACHING
VAHRNERSTR. 6

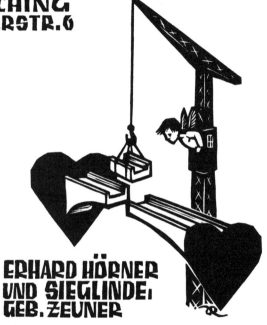

ERHARD HÖRNER
UND SIEGLINDE,
GEB. ZEUNER

HABEN SICH AM 31. DEZEMBER 1954
EHELICH VERBUNDEN UND WOHNEN
IN WÜRZBURG, ROTTENDORFERSTR.
NR. 1½".

Wir haben am 14. Februar 1954
in Gochsheim die Verordnung befolgt.

dr. med. Hartmut Wallrapp und Geetraud, geb. Stenger

Ida Noseda und
Paul Respondek

freuen sich ihre
Vermählung
bekanntzugeben

Die
Trauung
findet am 5. Mai 1953
in Winterthur statt.

Winterthur, Heiligbergstr. 20, München, Wagmüllerstr. 16

KARLHEINZ BAREISS UND ELISABETH, GEB. HERPFER

WERDEN AM 10. JUNI 1967, 14 UHR IN DER EVANGEL- STADTKIRCHE IN KITZINGEN GETRAUT

Von nun an gehen wir gemeinsam

Erwin Englert,
Oberleutnant M.A. d. Res.
und
Marga Englert,
geb. Brandstetter.

Würzburg, 28. September 1943
Hotel Franziskaner/Markt-Kaffee.

FRIEDRICH LEICHT u. RUTH, GEB. KESSLER
haben geheiratet.

Aulendorf,
Wttb.

29. Januar
1949

Hans B. Daufend und
Käthe, geb. Stamm
haben geheiratet.

Würzburg–Osnabrück
11. Oktober 1941.

Wir haben am 5. Juni 1943 geheiratet.

Leutnant Werner Schlüter, Studienrat,
F.Nr.: L02520 LGPA. Paris,

Dr. Heide Schlüter, geb. Lamel,
Wien 107, Berolagasse 2.

Dr. Helmut Scheck aus
Dinkelsbühl und Dipl.-Landwirt
Gertraud Fetzer aus
Kitzingen heiraten am
21. Januar 1951.

PAUL STEINRUCK u.
URSULA, geb. LINKE
haben sich am 27. Okt. 51
in Kitzingen vermählt.